San agilio de rebais

Tabla de contenido

Introducción

En este mini- libro encontraras la novena en su honor novenario para crecimiento espiritual.

Recomendación

Se recomienda asistir periódicamente a la santa eucaristía, cumplir con los mandamientos de la iglesia realizando obras benéficas como visitar a los enfermos, predicar la palabra a las personas privadas de la libertad, suplir con aquel que necesita vestido, alimento y tiene sed de crecer espiritualmente

Novena familiar

Oracion para todos los días

Bendito santo amigo de todo aquel que siente soledad en su corazón, bendito santo que eres el hombro que sirve de consuelo cuando en el alma se quiere aposentar la incertidumbre dándonos esperanza confiados en que nuestro creador escuchara nuestras suplicas y nos guiara según su voluntad para acogernos bajo su abrigo y entregarnos la felicidad verdadera eternamente, te suplico que seas testigo y participe de mi crecimiento espiritual siguiendo tu ejemplo de misión y servicio amen

Dos padres nuestros

Dos gloria al padre

Dos santa maría

Dia primero

Amigo mío, que lograste que tu nombre sea recordado eternamente porque cumpliste tu misión sobre la tierra renunciando a tus sueños para ayudar a que el mundo girara en la verdad, en la ecuanimidad en el compromiso mutuo entre humanos, vengo a suplicarte que vengas a mis aposentos y con tu luz elimina todo aquello que no me deja avanzar en el camino que me lleva a mi creador, san agilio de rebalis ven a mi corazón junto con el espiritu santo e inúndalo de dones los cuales pueda utilizar para el propósito que tiene Dios para su creación, amado san agilio de rebalis ven pronto y ayuda a restaurar mi corazón para empezar una vida nueva en fe viva que sea de ayuda para aquel que esta sumergido en la oscuridad amen

Dos padres nuestros

Dos santa maría

Dos gloria al padre

Dia segundo

Tu amado creador de lo infinito que le diste el don a san agilio de rebalis de imitar a tu amado hijo Jesucristo dando crecimiento espiritual a todo aquel que estaba perdido, concédenos tambien a nosotros por intercesión de este santo, la gracia de que, viviendo fielmente nuestra vocación de servicio podamos imitar a nuestro adorado salvador, para que todo lo realizado con nuestros actos sea para la honrra y gloria de tu nombre, te pedimos a ti san agilio de rebalis que intercedas ante la corte celestial para lograr el perdón de nuestras culpas pasadas, presentes y ayúdanos a cumplir el compromiso en el futuro de no volver a caer en el error de ofender al altísimo con acciones que dañan la integridad propia y personal amen

Dos credos

Dos padres nuestros

Dos santa maría

Dia tercero

Amado san agilio de rebalis, gracias por darme la inteligencia de transformar mi destino basado en los mandamientos del creador, gracias por permitir sanarme individualmente, perdonándome a mí mismo por las fallas que cometí en el pasado las cuales me llevaron a un circulo vicioso de auto- destrucción, gracias por permitirme crecer perdonándome dando paso a la lucha por salir adelante buscando la paz en mi alma, la tranquilidad que da luchar por el bienestar propio de las personas que amo y para el prójimo que mas lo necesite, san agilio de rebalis te suplico que me ayudes a encontrar cada dia la manera de crecer mi amor propio puesto que de el puedo desprender cariño y respeto para los demás, te suplico que intercedas siempre para que el creador no mire mis pecados pasados y me ayude a sacarle la potencialidad a mis cualidades desplazando dia tras dia mis defectos que se convierten en

muros que no me dejan saborear el abrigo de
mi amado creador celestial amen

Dos gloria al padre

Dos padres nuestros

Dos santa maría

Dia cuarto

San agilio de rebais, os suplico que mi corazón este dispuesto a perdonar a todo aquel que a agobiado mi espiritu y mi alma, todo aquel que me ha utilizado para lograr sus objetivos y me ha hecho daño por envidia o por formas de pensar diferentes, aclamado san agilio de rebalis te suplico que me ayudes a perdonar para salir adelante y poder avanzar para poder cultivar mi espiritualidad desde la liberación de sentimientos esclavizantes como lo es el odio, el rencor o la sed de venganza permite que a mis días lleguen la paz, la tranquilidad, que mi confianza siempre este en el creador, que mi fe sea viva y pueda transmitir en el prójimo la palabra que entrega vida y sacia la sed espiritual de la cual esta esclavizada la humanidad actual, ayúdame a tener bases espirituales para que mis manos sean fuertes para ayudar al prójimo a

salir del abismo de la felicidad temporal que se
ofrece en la actualidad amen

Dos padres nuestros

Dos santa maría

Dos gloria al padre

Dia quinto

Santo bendito tu amado hermano que en el transito de tu existencia nos enseñaste que todo lo podemos lograr si colocamos nuestra confianza en el creador, de rodillas te suplico que tus manos poderosas sean colocadas en mi cuerpo y sane toda enfermedad que en el habite y lo protejas de todo mal y peligro de toda plaga, de toda enfermedad que quita el vigor, de todo accidente que conlleve a dejarme indefenso, nunca permitas que las malas intenciones de corazones negativos toquen mi morada corporal, espiritual y material, santo bendito te suplico que seas tu el medico que me cura el enfermero que me cuida, que tu luz sea derramada sobre todo medicamento que este consumiendo para encontrar pronta sanidad, permite que mi mente sepa la enseñanza que quiere el creador transmitir por esta experiencia vivida, amado san agilio de rebais te suplico amigo mío que no me abandones ni de noche ni de dia y que tu luz siempre sea un faro que me guía al puerto del altísimo que entrega siempre felicidad certera y eterna amen

Dos padres nuestros

Dos santa maría

Dos gloria al padre

Dia sexto

Tu gran evangelizador, gran misionero, que no abandono la enseñanza de las cosas buenas de aquellas que nutren el espiritu dando paz interior por hacer lo correcto y justo, vengo ante ti con el corazón agradecido por acompañarme en este transito terrenal y por escuchar mis plegarias, enseñándome a tener paciencia y no caer en la ansiedad por comprender que el tiempo del creador es perfecto, os pido que expulses con tu luz santa todo espiritu de ruina, todo espiritu de pobreza, todo espiritu de escases de mi vida, de mis cosas, de mi trabajo, de mis sentimientos, que siempre en mi mesa halla a borbotones espiritualidad y amor, te pido que asi como me acompañas a mí a crecer espiritualmente apadrines mi familia y la lleves hacia las bienaventuranzas y el progreso que Dios envía para que con espiritualidad puedan batallar las guerras espirituales y siempre salgan triunfantes en el nombre del creador, amado san agilio de rebalis os suplico que bendigas los alimentos en mi mesa fruto del arduo y el honroso trabajo, santo amigo permite que siempre en mis bolsillos llegue fluida y constantemente el dinero la abundancia pudiendo compartir con el mas desamparado por culpa del enemigo espiritual o por seres humanos egoístas pero no hacer los milagros en mi nombre sino en los del creador para su honrra, eterna y llegue hacia el cada dia más seres humanos amándolo y dándole el lugar de padre celestial amen

Dos padres nuestros

Dia séptimo

Querido y honroso santo, vengo a pedirte que me acompañes a arrodillarme y alabar al creador para darle gracias por todas las bendiciones que me entrega dia tras dia, por mostrarme su inmenso amor para que su presencia la sienta en todas las areas de mi vida, para que mi corazón siempre quiera estar a su lado, te suplico que actúes como un escudo protector ante los ataques de la oscuridad para que mi alma no sea corrompida por el mundo actual y pueda ser una luz verdadera para todo aquel que esta sucumbido en la oscuridad, te suplico que mi alma siempre tenga la voluntad de ayudar al prójimo, sé que tu amado compañero de espiritu con el permiso y la ayuda del creador me concederás la solución a este inconveniente (decir el inconveniente)para que mi vivir tenga paz, tranquilidad y sostenibilidad en mi personalidad para que estas sean las bases de fortaleza para darle la mano no solo a mis seres queridos sino a todo aquel que necesite escuchar que se siente en el alma cuando recibes el inmenso amor del creador, permite que a todo aquel se acerque ami sienta paz y reciba sabiduria para poder aplicarla en su vida para crecer no solo espiritualmente sino en todas las areas de su existencia amen

Dos credos

Dos padres nuestros

Dos santa maría

Dia octavo

Querido hermano en fe, mil gracias por ayudarme a limpiar mi corazón para que habite en el la gracia del espiritu santo y convertirme en un instrumento útil para lograr su voluntad en la tierra, santo misionero enséñame a ser como tu y tener la mansedumbre para que desde la humildad pueda ayudar a los ángeles del cielo a librar batallas para rescatar todo aquello que este perdido, san agilio de rebalis te pido por todas las naciones del mundo, por mi comunidad, por mis amigos y vecinos para que la mano del creador siempre sea la triunfadora y la equidad en todas las areas humanas regrese y podamos toda la especie caminar en el sendero que lleva al padre del inicio y al padre del final, aclamado santo no permitas que me desvie del camino y si es asi que sea para rescatar a seres humanos que se están perdiendo en las mieles de la vida aquellas que al principio son dulces pero que en el transcurso del tiempo se llenan de un sabor amargo y trae dolor, desesperanza y angustia, te suplico amado santo que siempre estes conmigo y que tu luz me acompañe cada minuto de mi existencia amen

Dos padres nuestros

Dos santa maría

Dos gloria al padre

Dia noveno

Tú, Señor, que concediste a San Agilo de Rébais, Abad, el don de imitar con fidelidad a Cristo pobre y humilde, concédenos también a nosotros, por intercesión de este santo, la gracia de que, viviendo fielmente nuestra vocación, tendamos hacia la perfección que nos propones en la persona de tu Hijo. Que vive y reina contigo, en la unidad del Espíritu Santo y es Dios, por los siglos de los siglos

Dos padres nuestros

Dos santa maría

Dos gloria al padre